Spielerische Sprachförderung für Kinder

Die schönsten Spiele für eine effektive Sprachförderung mit Spaß – für Kinder von 4 bis 10

Anna Petersen

INHALT

Das erwartet Sie in diesem Buch 1

Bedeutung von Sprache 4

Sprachwissenschaft 6

Voluntarismus 9

Intellektualismus 12

Konvergenz 18

Auf welche Spracherwerbstheorie soll ich mich
verlassen? 20

Sprachentwicklung in den Entwicklungsstufen .. 21

Die ersten Lebenswochen 22

Der zweite Lebensmonat 23

Der dritte bis sechste Lebensmonat 25

Der siebte bis neunte Monat 26

Der zehnte bis zwölfte Monat 28

Der zwölfte bis achtzehnte Monat (1 Jahr bis 1,5
Jahre) 30

Der neunzehnte bis vierundzwanzigste Monat
(1,5 bis 2 Jahre) 34

Der vierundzwanzigste bis dreißigste Monat (2
bis 2,5 Jahre) 36

Das Alter von 2,5 Jahren bis 3 Jahre 38

Das Alter von 3 Jahren bis 3,5 Jahren 41

Das Alter von etwa 4 bis 6 Jahren 43

Einfluss von Medien 45

Spiele zur Sprachförderung 48

Gespräche 49

Stille Post 50

Reime und Fingerspiele 51

Bücher vorlesen 53

Ich packe meinen Koffer 53

Bliblablubb 55

Bildergeschichten 56

Rollenspiele 57

Wörter aus dem Baukasten 58

Das Weintraubenspiel 60

Mehrsprachige Erziehung 62

Was Sie mitnehmen sollten 68

Das erwartet Sie in diesem Buch

Können Sie sich noch daran erinnern, wie Sie Ihre Muttersprache gelernt haben? Vielleicht wissen Sie aus mehr oder weniger vertrauenswürdigen Berichten Ihrer Eltern oder anderer naher Verwandten, was Ihre ersten Worte waren oder wie Ihre ersten Sprechversuche geklungen haben sollen oder mit welchen Worten und Lauten Sie so Ihre Schwierigkeiten hatten. Aber eine aktive Erinnerung daran, wie es war, als Kind die Muttersprache zu lernen und zu perfektionieren? Was hilfreich war und was nicht? Daran erinnert sich wohl

1

niemand mehr.

Und doch sehen sich die meisten Menschen irgendwann in ihrem Leben einmal damit konfrontiert, einem Kind eine Sprache beizubringen oder zumindest am Prozess des Spracherwerbs beteiligt zu sein. Sei es als Eltern- oder Großelternteil, Tante, Onkel, Tagesmutter oder Ähnliches. Dabei ist es aufgrund des mangelnden Vorwissens natürlich selbstverständlich, dass man sich als verantwortlicher Erwachsener überfordert, ratlos und vielleicht sogar alleingelassen fühlt. Insbesondere, wenn das Kind bestimmte Fehler immer wiederholt, bestimmte Laute nicht richtig aussprechen kann oder einfach im Vergleich zu Gleichaltrigen deutlich weniger spricht beziehungsweise einen deutlich schwächeren Wortschatz aufweist.

Dieser Ratgeber soll Ihnen dabei zur Seite stehen und nicht nur helfen, den Prozess des Spracherwerbs in der Theorie zu verstehen mit dem aktuellen Stand der Wissenschaft dazu, sondern auch praktische Übungen an die Hand geben, um Ihrem Kind dort zu helfen, wo noch Verbesserungsbedarf besteht.

Denn Sprache bedeutet in der heutigen Welt auch Macht. Sie wird nicht nur für soziale Aspekte benötigt. Ein ausgeprägter Wortschatz und ein stilsicherer Sprachgebrauch sind oftmals der Schlüssel zum beruflichen und gesellschaftlichen Erfolg.

Mit diesem Ratgeber werden Sie rundum informiert und auf alle möglichen Stolpersteine vorbereitet.

Bedeutung von Sprache

Sprache hat natürlich in erster Linie einen bedeutenden sozialen Aspekt: Schon in der Krabbelgruppe oder im Kindergarten beginnen Kinder, mit den anderen Kindern zu kommunizieren. Es werden zum Teil lang anhaltende Freundschaften geknüpft und erste soziale Fähigkeiten erlernt. Dies ist ein wichtiger Schritt in der Entwicklung. Je jünger ein Kind ist, desto mehr wird es von dem geprägt, was es erlebt und was ihm widerfährt.

Gerade deshalb ist es wichtig, Kindern den passenden Rahmen zu bieten, um eine dem Alter und der Entwicklung des Kindes entsprechende sprachliche Entwicklung zu ermöglichen.

Zudem hat gerade in der heutigen Gesellschaft die Sprache einen hohen Stellenwert, wenn es um gesellschaftlichen Aufstieg, Ansehen und Karriere geht. Menschen, die sich gut ausdrücken können, einen souveränen Wortschatz haben und deutlich sprechen, erwecken automatisch einen besseren Eindruck als Menschen, die nur wenige und immer wiederkehrende Worte benutzen und undeutlich oder fehlerhaft sprechen.

In Deutschland können zurzeit etwa sechs Millionen Menschen kaum oder gar nicht lesen und schreiben. Diese Menschen leiden sowohl unter den sozialen Aspekten als auch unter dem ihm verwehrt bleibenden gesellschaftlichen Ansehen.

Sprache ist etwas, das sich bei der evolutionsbiologischen Entwicklung des Menschen entwickelt hat. Wir haben heutzutage den Vorteil, dies erkennen zu können und dies für uns und vor allem unsere Kinder zum Vorteil nutzen zu können.

Sprachwissen-schaft

Um zu verstehen, wie Sie Ihrem Kind eine helfende Hand beim Thema Sprache sein können, sollten Sie sich als Erstes mit der Sprachwissenschaft vertraut machen. Die Sprachwissenschaft beschäftigt sich mit dem Sprachwandel, der Sprachentstehung, der Sprachentwicklung und dem Spracherwerb. Hier sollen vor allem Spracherwerb und Sprachentwicklung betrachtet werden, da deren Verständnis eine wichtige Rolle für die Sprachförderung spielen.

Sie können einen Prozess erst unterstützen,

wenn Sie im Groben wissen, was passiert. Erst dann kann festgestellt werden, was genau gerade passiert und wie Sie dabei helfen können.

Auf den praktischen Teil (vor allem Spiele zur Sprachförderung) soll dann im Anschluss im nächsten Kapitel eingegangen werden.

Seit Ende des 19. Jahrhunderts hat sich die Spracherwerbsforschung als eigene Wissenschaft etabliert. In diesem Rahmen wurde erstmals die Sprache als eigenständiges System betrachtet. Sprache wurde erstmalig nicht bloß als Ergebnis des Denkens betrachtet, sondern davon losgelöst. Auch neu war, dass auch Dialekte und Kindersprache in den Fokus der Wissenschaft rückten, die vor der Etablierung der Spracherwerbsforschung nicht als vollwertige Sprachen gesehen wurden.

Großen Bekanntheitsgrad erlangten die Tagebuchstudien von Clara und William Stern, die Anfang des 20. Jahrhunderts veröffentlicht wurden. Sie dokumentierten die sprachliche Entwicklung ihrer Kinder, um zu beweisen, dass die Kindersprache keine minderwertige und unvollständige Version der Erwachsenensprache ist, sondern ein in sich geschlossenes Sprachsystem bildet und es trotz verschiedener Entwicklungsphasen mit typischen Eigenregeln und Abweichungen von der

Erwachsenensprache eine eigene Kindersprache gibt.

Dieser Ansatz des Dokumentierens der sprachlichen Entwicklung der eigenen Kinder, um bestimmte Theorien zu unterstützen, wurde im Aufkommen der Spracherwerbsforschung von vielen Wissenschaftlern genutzt, sodass es heute viele verschiedene Tagebuchstudien gibt.

Dabei war von Anfang an sehr umstritten, ob der Spracherwerb in erster Linie durch Umwelteinflüsse oder durch genetische Veranlagung beeinflusst wird. Schnell bildeten sich in der Spracherwerbsforschung dementsprechend drei Strömungen heraus: Der Voluntarismus bezeichnet die Annahme, dass der Spracherwerb vor allem durch Umwelteinflüsse geschieht. Der Intellektualismus hingegen schreibt den Spracherwerb der genetischen Veranlagung zu, während die Konvergenz den Spracherwerb als Zusammenspiel von den Faktoren Umwelt und Veranlagung sieht.

VOLUNTARISMUS

Die Wissenschaftler, die den Spracherwerb als durch Umwelteinflüsse bestimmt sehen, beschreiben den Prozess des Spracherwerbs vereinfacht gesehen wie folgt: Kinder nehmen sprachliche Reize zum

Beispiel ausgehend von ihren Eltern auf. Die Eltern beschreiben den Kindern Situationen oder benennen Dinge, sie kommunizieren mit ihnen. Dies erzeugt eine sprachliche Reaktion bei den Kindern. Sie imitieren ihre Eltern. Dabei gehen Kinder überraschend systematisch vor und wiederholen nicht nur das, was sie hören, sondern verbinden Worte untereinander oder auch Worte mit Dingen. Dies geschieht alles unterbewusst.

Die Strömung des Voluntarismus sah sich allerdings schnell Einwänden gegenüber: So wurde zum Beispiel in genannten Tagebuchstudien schnell erkannt, dass Kinder nicht nur das Gehörte nachmachen, sondern unterbewusst Regeln aus dem Gehörten ableiten und diese auf für sie Neues anwenden. So passiert es auch schnell, dass Kinder sprachlich an sich korrekte Regeln auf sprachliche Ausnahmen anwenden, sodass Fehler entstehen.

Beispiel: Kinder hören ihren Eltern beim Erzählen zu und erkennen unterbewusst schnell, dass die Vergangenheitsform des Präteritums oft mit -te gebildet wird:

Ich sage etwas. → Ich sagte etwas.

So kommt es schnell dazu, dass Kinder diese Regel auch auf Ausnahmen anwenden und so etwas entsteht:

Ich gehe weg. → Ich gehte weg.

Dies fiel vor allem auch Jean Berko um 1958 auf, der feststellte, warum Kindern diese Fehler passieren, die so typisch für Kindersprache zu sein schienen.

Ein weiterer Einwand gegen den Voluntarismus war, dass Kinder ihre Muttersprache lernen, ohne jemals alles von dieser Sprache gehört zu haben. Wenn sie nur das aufnehmen würden, was sie hören, würde ihnen nur ein kleiner und auch sehr begrenzter Teil der Sprache zum Nutzen zur Verfügung stehen. Zudem würde dieser Ausschnitt auch noch Fehler enthalten, die die Eltern unbewusst oder versehentlich gegenüber ihren Kindern benutzen.

Noam Chomsky stellte also in den 1960er-Jahren die Theorie auf, dass der Spracherwerb gerade kein rein passives Nachbilden des Gehörten ist, sondern vielmehr ein kreativer Ablauf: Die Kinder stellen unterbewusst Annahmen über die Sprache auf, die Regeln dieser Sprache sein könnten. Diese überprüfen sie wiederum an dem, was sie an Sprache hören. Diese so aufgestellten Regeln sind dann aber oft zu generell, wie das Beispiel oben zeigt.

Tipp: Für Eltern gibt es grundsätzlich zwei Möglichkeiten, auf solche „Über-Generalisierungen" zu reagieren:

1. Verwendung korrekter Sätze: Das zeigt dem Kind, was sprachlich möglich ist.

2. Korrigieren der Fehler des Kindes: Das zeigt dem Kind, was sprachlich nicht möglich ist.

Aber Achtung: Korrekturen können nicht immer hilfreich für ein Kind sein! Sie müssen kurz, aber präzise sein und am besten mit der Verwendung der korrekten Version verknüpft werden. So hilft der Satz „Das sagt man aber so nicht!" Kindern nicht weiter. Sie wissen nicht, ob sie ein Wort falsch ausgesprochen haben, die falsche Satzstellung verwendet haben oder einfach nur unhöflich waren.

Und denken Sie immer daran: Ein sprachlicher Fehler Ihres Kindes wie er oben beschrieben wurde, ist kein schlechtes Zeichen! Er bedeutet, dass Ihr Kind eine Regel erkannt hat und diese auf neue Worte anwenden will. Somit macht Ihr Kind einen wichtigen Schritt im Spracherwerb, wenn es solche Fehler macht.

INTELLEKTUALISMUS

Chomsky geht aufgrund dieser Argumente gegen den Voluntarismus vom Intellektualismus, dem Spracherwerb durch angeborene Veranlagung, aus. Er betont, dass ein Kind für den Spracherwerb gewisse geistige Fähigkeiten benötigt, um die Muster in der Sprache zu erkennen und sich an diese zu erinnern sowie mit Erinnerungen an die Sprache zu vergleichen. Da Sprache einen hohen sozialen Stellenwert hat, seien ebenso soziale Fähigkeiten notwendig, um die Intention der Sprache anderer zu verstehen (Was will die Person sagen? Was ist ihr Ziel/ihr Wunsch damit?).

Heutzutage ist unstreitig, dass es genetische Veranlagungen zum Spracherwerb gibt, es ist aber nicht abschließend geklärt, welche genau dies sind.

Chomsky meint, dass zu den genannten Veranlagungen noch weitere benötigt werden: Er geht davon aus, dass es Veranlagungen gibt, die ganz explizit auf den Erwerb von Sprachen gerichtet sind und die nur Menschen haben. Andere Wissenschaftler bezeichnen diese Anlage als „Sprachinstinkt".

Chomsky beschäftigte daneben vor allem die Frage, wie ein Kind bei doch sehr begrenzten sprachlichen Reizen, die es während der Zeit des Spracherwerbs aufnimmt, so viel mehr sprachliche

Strukturen entwickeln und auch verwenden kann. Chomsky erklärt dies mit der Betrachtung von Sprache als Zusammensetzung von Phrasen. Dies sind einzelne, aus bestimmten Worten zusammengesetzte Bausteine, die zu einem Satz zusammengefügt werden können. Jede Sprache hat einen anderen, für sie typischen Aufbau dieser Phrasen, den die Kinder durch das, was sie hören, herausfinden und weiterverwenden können.

Ein weiterer bedeutender Spracherwerbswissenschaftler, Jean Piaget, stimmt dieser Annahme von Chomsky nicht vollständig zu. Er vertritt vielmehr die Ansicht, dass es neben den geistigen Veranlagungen keine weiteren, Spracherwerb-spezifischen Veranlagungen brauche, um eine Sprache zu erlernen.

So sei der Spracherwerb nach Piaget maßgeblich von dem geistigen Entwicklungsstand des Kindes abhängig. Kinder müssen sich erst soweit mit ihrer Umwelt auseinandersetzen, bis sie ein bestimmtes Konzept erkannt hätten. Erst dann sei es ihnen möglich, zu lernen, dies sprachlich auszudrücken. Dabei bestehe ein Wechselspiel zwischen dem Kind und seiner Umwelt: Die Wahrnehmung der Umwelt durch das Kind werde durch seinen Wissensstand beeinflusst (das Kind nimmt Neues nur entsprechend seinem schon vorhandenen Wissensstand auf), aber gleichzeitig wird der Wissensstand des Kindes gerade durch die Umwelt beeinflusst (das Kind erweitert seinen Wissensstand durch Erfahrungen mit der Umwelt).

Wichtig: In jedem Fall ist anerkannt, dass die Interaktion mit der Umwelt einen Einfluss auf den Spracherwerb hat. Hier spielen Sie eine wichtige Rolle für Ihr Kind! Reden Sie mit Ihrem Kind, zeigen und erklären Sie ihm Gegenstände und Situationen, auch wenn Ihr Kind noch zu klein ist, um zu antworten, lernt es viel dadurch. Zudem schult es die sozialen Kompetenzen Ihres Kindes, schon früh im Prozess des Spracherwerbs mit Sprache in Verbindung mit Emotionen konfrontiert zu werden. Also albern Sie mit Ihrem Kind herum und lachen Sie mit ihm. Zeigen Sie sich traurig und mitfühlend, wenn es sich verletzt hat und so weiter.

Der amerikanische Psychologe Bruner hält das wiederum auch nicht für zufriedenstellend, sondern geht vielmehr davon aus, dass gleichzeitig Kinder in der Sprachentwicklung maßgeblich durch die sprachliche Interaktion mit den Menschen in ihrem Umfeld beeinflusst werden. Somit ist der Spracherwerb laut Berner davon abhängig, wie wir mit unseren Kindern reden. So hat beispielsweise auch die

Kultur einen Einfluss auf den Spracherwerb. Hier schlägt sich der Gedanke der „Mutter"-Sprache nieder. Kinder können die Sprache nur so erlernen, wie sie ihnen zum Beispiel von ihren Eltern vorgesprochen wird mit all den selbstverständlichen Eigenheiten.

Andererseits gibt es aber auch einige Gemeinsamkeiten in der Art und Weise zu beobachten, wie Eltern mit ihren Kindern reden: Kindgerechte Sprache bedeutet für viele automatisch, dass sie in eine höhere Stimmlage verfallen. Dies machen die meisten Eltern unterbewusst, es stärkt aber tatsächlich die Aufmerksamkeit von Kleinkindern und Babys. Zudem sprechen die meisten Erwachsenen mit Kindern langsamer, machen mehr Pausen und betonen wichtige Worte in einem Satz. Das macht es für Kinder einfacher, die einzelnen Worte zu verstehen und sie im Kopf zu verbinden. Auch werden meist einfache und kürzere Sätze verwendet, was im Grunde denselben Effekt hat, aber auch dazu führt, dass sich der Erwachsene weniger verspricht. Auch dadurch ist es einfacher für Kinder, den Satz zu verstehen, und sie lernen nicht so schnell „versehentlich" sprachliche Fehler von ihren Eltern. Auch wiederholen viele Eltern ihre Sätze (meist in verkürzter Form), sodass die Information noch einmal bei dem

Kind ankommt. Dadurch erkennen Kinder leichte grammatikalische Strukturen, die sie verinnerlichen können. Die Verwendung von „Babywörtern" ist dagegen in ihrer Nützlichkeit sehr umstritten. Ein deutlich positiver Effekt auf den Spracherwerb lässt sich zumindest nicht feststellen.

Tipp: Verwendung von kindgerechter Sprache kann auf jeden Fall für Kleinkinder und Babys hilfreich sein. Damit ist aber keine „Babysprache" wie „Wauwau" für „Hund" oder „teita" für „spazieren gehen" gemeint. Vielmehr sollten Sie auf Folgendes achten:

• Sprechen Sie etwas langsamer, als Sie es mit Erwachsenen tun würden. Achten Sie auf eine deutliche Aussprache.

• Erst denken, dann reden! Strukturieren Sie Ihre Sätze mit Bedacht, um Versprecher und abgebrochene und neu begonnene Sätze zu vermeiden.

• Benutzen Sie so weit möglich kurze Sätze. Falls ein Satz zu lang ist, wiederholen Sie den Kernpunkt danach ruhig noch einmal:

• „Lara, lass bitte das Ohr vom Hund los, das mag er gar nicht. Lass los!"

Die Spracherwerbstheorien, die von Piaget und Bruner entworfen wurden, zeigen zwar Zusammenhänge von Spracherwerb und geistigen und sozialen Fähigkeiten, erklären aber nicht den wirklichen Erwerb. Erst später in den 1980er- und 1990er-Jahren wurde die Spracherwerbswissenschaft im Bereich des Intellektualismus in diese Richtung fortgebildet. Man legte den Fokus weg von den Formalien der Sprache hin zu Wortschatz, Grammatik und Lautsystematiken.

So vertrat der Amerikaner Dan I. Slobin, dass uns ein „Spracherschaffungsmechanismus" angeboren sei. Dieser beruhe auf gewissen Prinzipien, die speziell sprachliche Informationen erkennen und verwerten können. So würden wir zum Beispiel von diesen Prinzipien gesteuert mehr auf die Endung eines Wortes achten als auf die Mitte, da sich bekanntlich am Ende des Wortes zum Beispiel grammatische Markierungen für die Mehrzahl finden lassen.

Diese und andere Theorien mit ähnlichem Ansatz werden gegenüber den vorher genannten „funktionalistisch" genannt, da sie sich gerade mehr auf die Funktion von Sprache als die Form konzentrieren.

Innerhalb der Gruppe von Wissenschaftlern, die sich dem Funktionalismus verschrieben haben, ist es immer noch umstritten, wie Kinder das verarbeiten, was sie an sprachlichen Informationen aufnehmen.

KONVERGENZ

Die aktuellen Spracherwerbstheorien lassen sich der Strömung der „Gebrauch-basierten" Spracherwerbstheorien zuordnen. Nach diesen findet der Spracherwerb vor allem durch den Gebrauch von Sprache durch die Menschen im Umfeld der Kinder statt.

Es werden zwar angeborene Veranlagungen zum Spracherwerb angenommen, der eigentliche Spracherwerb finde dann aber über das Aufnehmen und Vergleichen von Sprache, die die Kinder in ihrem Umfeld hören, statt.

Kinder benutzen dabei Fähigkeiten wie die Fähigkeit zum kulturellen Lernen, die Fähigkeit, Muster und Schemata zu erkennen, die Fähigkeit, Symbole zu verwenden und die Fähigkeit, Analogien und Generalisierungen vorzunehmen.

Sie erkennen, welche Worte häufig zusammen genannt werden und welche Worte mit welchen Endungen auftreten und leiten sich so quasi selbst die Wortarten her.

Beispiel: Kinder erkennen, dass es Worte gibt, die Objekte bezeichnen. Zum Beispiel: Dieses Tier heißt „Hund". Gleichzeitig erkennen sie, dass diese Worte oft mit Artikeln genannt werden. Zum Beispiel: Mama sagt immer „der Hund".

Zudem erkennen sie, dass es Worte gibt, die Tätigkeiten beschreiben und je nach Person ihre Endung ändern. Zum Beispiel: lachen → Mama lach-t; backen → Papa back-t.

Sie vergleichen dann aber auch und erkennen, dass nie gesagt wird „Mama das lacht." oder „das Hund-t". Sie erkennen also, dass „Hund" und „lachen" zwei verschiedene Arten von Worten sind und nicht nach denselben Regeln behandelt werden dürfen.

Nach diesen Theorien lernen Kinder die Ausnahmen zu den erkannten Regeln (zum Beispiel: ich schwimme → ich schwamm, statt ich schwimme → ich schwimmte), da sie die regelmäßige Form („schwimmte") nie hören, sondern immer nur die richtige, unregelmäßige Form („schwamm"). Dadurch brennt sich die richtige Form durch einfache Wiederholung in den Kopf der Kinder ein.

Tipp: Auch, wenn es sich an diesem Punkt anhören mag, als sei Ihr Baby ein Superhirn, dem Sie nur eine Tabelle unregelmäßiger Verben unter das Kopfkissen legen müssen, damit es am nächsten Morgen spricht wie Goethe, ist dies nicht der Fall. Stumpfe Wiederholung hat bei Kindern selten eine

Erfolgschance. Spielerische Förderungen sind der Schlüssel zum Erfolg. Bevor sich jedoch ein akuter Förderungsbedarf herausstellt, reicht es völlig aus, wenn Sie sich auf korrekten und vielfältigen Sprachgebrauch gegenüber Ihrem Kind konzentrieren, aus dem das Kind viel mitnehmen kann.

AUF WELCHE SPRACHERWERBS-THEORIE SOLL ICH MICH VER-LASSEN?

Bis heute ist nicht abschließend geklärt, ob es eine „richtige" Theorie zum Spracherwerb gibt. Weitgehend anerkannt ist zwar, dass sowohl Veranlagung als auch Umwelt einen Einfluss darauf haben, wie groß dieser jeweils ist, kann aber nicht gesagt werden.

Festgestellt wurde bereits, dass es bestimmte Gene gibt, die bestimmte Sprachstörungen verursachen, jedoch ist die Forschung in diesem Bereich noch lange nicht abgeschlossen.

Auch zu Umwelteinflüssen gibt es diverse Studien, die aber genauso noch keine klaren Ergebnisse liefern.

Sinn der Darstellung in diesem Ratgeber ist also zunächst, dass Sie sich gedanklich mit dem

Spracherwerb auseinandersetzen und verstehen, wie komplex dieses Thema ist.

Gerade, wenn man sich das erste Mal damit auseinandersetzt, kann es einem erschlagend vorkommen, welche Aspekte hier Berücksichtigung finden, was Einfluss aufeinander hat und wie komplex der Spracherwerb ist.

Sicherlich haben Sie schon aus der Darstellung der Theorie hinter dem Spracherwerb wertvolle Tipps für sich und Ihr Kind mitnehmen können, die Ihnen vorher nicht klar waren.

Spracherwerb ist sehr viel mehr als nur „Das ist ein Apfel. Sag mal: Apfel!".

Da wir das nun ein Verständnis für dieses Thema entwickelt haben, soll es weitergehen.

SPRACHENTWICKLUNG IN DEN ENTWICKLUNGSSTUFEN

Wenn Sie den Spracherwerb Ihres Kindes verstehen und unterstützen wollen, brauchen Sie einen Überblick über die gewöhnliche sprachliche Entwicklung von Kindern. Was ist normal in welchem Alter? Was können Sie von Ihrem Kind schon erwarten, was noch nicht?

Natürlich handelt es sich bei der folgenden

Darstellung nur um die durchschnittliche Entwicklung eines Kindes. Sollte Ihr Kind davon leicht abweichen, besteht noch kein Grund zu übermäßiger Sorge. Die Reihenfolge der Phasen ist nach dem jetzigen Stand der Wissenschaft bei jedem Kind gleich. Wie später noch erklärt werden soll, gibt es immer Möglichkeiten, dem eigenen Kind im spielerischen Rahmen ganz einfach zu Hause zu helfen.

Achtung: Am Ende ist jedes Kind ein Individuum, das nie genauso funktioniert wie ein anderes Kind. Fangen Sie nicht an, Ihr Kind zu sehr mit anderen zu vergleichen. Das erzeugt nur Drucksituationen, sowohl für Sie als auch für Ihr Kind. Für eine optimale Entwicklung brauchen Kinder vor allem Liebe und Zuwendung. Jedes Kind ist irgendwann in seinem Leben einmal in einem Bereich dem Durchschnitt hinterher und das macht sie gerade einzigartig.

Die ersten Lebenswochen

In den ersten Wochen seines noch sehr jungen Lebens beschränkt sich ein Baby hauptsächlich aufs Schreien. Damit lernt das Baby, seine Stimmbänder einzusetzen. Dazu kommen noch ganz natürliche Geräusche wie Schmatzen und Glucksen. Hin und wieder sind auch erste Laute zu hören, die sich wie einzelne Buchstaben (zum Beispiel „Aaa", „Ggg" oder

„Grrr") anhören. Die Organe, die für das Sprechen wichtig sind, wie das Zwerchfell, Lippen, Zunge und Gehör, sind zu diesem Zeitpunkt schon vollständig ausgebildet. Das Baby muss nur noch lernen, sie gezielt zu verwenden.

In dieser Zeit sind die genetischen Anlagen im Gehirn für den Spracherwerb natürlich auch schon vorhanden und auch einsatzbereit. Schon im Bauch der Mutter hat das Kind Geräusche wahrgenommen und sich sogar schon an den Klang der Stimme der Mutter gewöhnt.

Wichtig ist in dieser Phase für Eltern einerseits, zu bedenken, wie viel das Baby über das Hören schon aufnimmt. Vermeiden Sie also, das Baby beunruhigenden Hintergrundgeräuschen oder zu hohen Lautstärken auszusetzen. Achten Sie zudem auch darauf, welche Emotionen Sie in Gegenwart des Kindes zum Ausdruck bringen. Gerade, wenn Ihr Baby aus Unbehagen schreit, sollten Sie es mit beruhigendem und rhythmischem Sprechen oder Singen versuchen. Das Kind nimmt in dieser Zeit und den folgenden Monaten sehr viel über den Subtext der Sprache und Klänge auf, die es stark prägen.

Der zweite Lebensmonat
Im zweiten Lebensmonat nimmt das Baby vermehrt Blickkontakt mit Geräuschquellen auf. Dabei

bevorzugt es den Klang menschlicher Sprache gegenüber anderen Geräuschen. Babys wenden sich deshalb in dieser Phase vermehrt sprechenden Menschen zu und verfolgen auch deren Mundbewegungen mit Interesse.

Auch beginnt das Baby, mit seiner eigenen Stimmlage zu variieren. Eine weitere Funktion der eigenen Stimmbänder wird dadurch getestet.

Spätestens in dieser Phase sollten Sie beginnen, viel mit Ihrem Kind zu reden. Sei es beim Wickeln oder beim Füttern, das Kind nimmt immer noch viele Informationen über das auf, was es hört.

Sollte Ihr Kind eine Hörstörung haben, würden Sie es hier schon bemerken können: Reagiert Ihr Baby auf Geräusche? Wendet es sich regelmäßig in die Richtung, aus der Geräusche kommen? Scheint es Ihnen zuzuhören, wenn Sie mit Ihm sprechen, oder haben Sie zumindest das Gefühl, dass es Sie aufmerksam ansieht? Sollte dies nicht der Fall sein, kann es sein, dass Ihr Kind nicht richtig hören kann. Wie bereits dargestellt, spielt das Gehör eine wichtige Rolle beim Spracherwerb. Somit kann eine Störung des Gehörs schwerwiegende Folgen im Spracherwerb haben. Fällt Ihnen auf, dass Ihr Kind nicht richtig zu hören scheint, sollten Sie unbedingt einen Arzt aufsuchen. Seien Sie jedoch beruhigt: Bemerken

Sie bereits in dieser Phase, dass etwas nicht stimmt, ist dies rechtzeitig, um schnell genug behoben zu werden, sodass Ihrem Kind daraus keine gravierenden Nachteile in Sachen Spracherwerb entstehen.

Der dritte bis sechste Lebensmonat

Das Baby beginnt in dieser Phase erstmals, unterschiedliche Laute wie Silben zu bilden. Es lallt und versucht, über diese Laute mit den Menschen in seinem Umfeld Kontakt aufzunehmen. Diese Entwicklung wird die „erste Lallphase" genannt. Das Baby erprobt dabei vermehrt seine Stimme und Atmung, erfährt, wie sich Mund und Rachen bei verschiedenen Lauten anfühlen und entwickelt dabei durch Ausprobieren neue Laute. Die so entstehenden Laute klingen tatsächlich bei allen Babys auf der Welt gleich und sind noch nicht durch die zu erlernende Muttersprache beeinflusst, da das Kind noch nicht weiß, wie die für die Muttersprache typischen Laute gebildet werden. Es probiert sich noch aus. Deshalb durchleben auch taub geborene Babys die erste Lallphase.

Zudem kann man in der ersten Lallphase sehr gut den sozialen Aspekt von Sprache beobachten: Das Baby beginnt nicht nur, sich wesentlich aufmerksamer und deutlicher sprechenden Menschen zuzuwenden, sondern beginnt auch, diese anzulächeln. Dabei handelt es sich um ein bewusstes, sogenanntes soziales Lächeln. Das Baby reagiert erfreut auf menschliche Gesichter und beginnt langsam, mit unterschiedlichen Lauten unterschiedliches mitzuteilen: Je nach Situation fängt das Kind an zu brabbeln, zu jauchzen, zu quietschen oder Ähnliches.

Das Baby kann zwar noch keine sprachlichen Inhalte verstehen, erkennt aber viele Informationen anhand der Stimmlage und Satzmelodie. So können bereits in dieser Phase Fingerspiele, Reime und Kinderlieder durch ihre Wiederholungen und den einprägsamen Sprachrhythmus den Spracherwerb fördern.

Etwa ab dem sechsten Monat beginnt das Baby, auf seinen Namen zu reagieren. Es wendet den Kopf in die Richtung, aus der es meint, seinen Namen gehört zu haben.

Der siebte bis neunte Monat

In dieser Phase kann man bei Babys das erste Mal nonverbale Kommunikation beobachten. Das Baby beginnt, über Gestiken Kontakt aufzunehmen, auch, wenn diese noch etwas unbeholfen wirken.

Zudem beginnt es, Silbenketten oder Doppelsilben zu bilden. Es beginnt die sogenannte „zweite Lallphase". Die nun gebildeten Laute sind inspiriert von der Muttersprache und die Ausprägung dieser Phase ist maßgeblich davon abhängig, was und wie viel das Kind zu diesem Zeitpunkt von der Muttersprache hört und gehört hat. Deshalb hören taub geborene Kinder in dieser Phase stetig damit auf, Laute zu produzieren, da sie nichts hören können, was sie nachahmen könnten.

Auch fängt das Kind an, dabei Laute und Sprachmelodien der Eltern nachzuahmen. Es hat dabei besonders viel Spaß an „Brabbel-Gesprächen" mit seinen Mitmenschen.

Tipp: Scheuen Sie sich nicht davor, auch Ihr Kind sprachlich nachzuahmen! Dies bedeutet nicht nur einen großen Spaß für Ihr Kind, sondern schult es auch im Nachmachen der Laute. Sie können dabei nicht nur das nachahmen, was Ihr Kind gerade gebrabbelt hat, sondern auch neue Laute und Silben einbringen, die Ihr Kind automatisch nachzumachen versucht.

Auch wenn Ihr Kind zu diesem Zeitpunkt noch nicht selbst Worte sprechen kann, beginnt es doch, ein Sprachverständnis zu entwickeln. Es versteht einzelne Bezeichnungen von Gegenständen und wendet sich ihnen zum Beispiel zu, wenn diese genannt

ANNA PETERSEN

werden.

Achtung: Sollte Ihr Kind in dieser Phase weniger oder gar nicht mehr sprechen oder keine weiteren Laute, Silben und Doppelsilben bilden, liegt der Verdacht nahe, dass Ihr Kind Hörprobleme hat. Verschwindet das Lallen nach dem siebten Monat, kann man sehr sicher davon ausgehen, dass das Kind nichts hören kann, was es nachahmen kann. Die Laute in der ersten Lallphase entstehen nämlich, wie schon erklärt, deshalb, weil das Kind das Gefühl in Mund und Rachen gefällt, das bei verschiedenen Lauten entsteht. Sollten Sie aufgrund eines Ausbleibens der zweiten Lallphase Sorgen um das Gehör Ihres Kindes haben, suchen Sie bitte umgehend einen Arzt auf!

Der zehnte bis zwölfte Monat

In dieser Phase beginnt noch eindeutiger der Ausbau der Fähigkeit, Doppelsilben zu bilden und zu sprechen. Babys bilden nun lange Ketten aus Silben und haben große Freude daran. Die Chance ist groß, dass Ihr Kind zu dieser Zeit das erste Mal „Mama" oder „Papa" sagt (oder zumindest etwas, das ähnlich klingt). Allerdings weiß das Baby zu diesem Zeitpunkt noch nicht, was an der Silbenkette „mamamama" oder „papapapa" so besonders ist. Eine überschwängliche Reaktion auf das erste vermeintliche „Mama" oder „Papa" des Kindes ist trotzdem wichtig, da das Kind den Zusammenhang so schnell begreift und erkennt, dass es mit Sprache erfreute Reaktionen seiner Eltern auslösen kann. Das Kind erkennt den Kommunikationswert der Sprache. Das ist der Abschluss der sogenannten „vorsprachlichen Entwicklung".

> **Tipp:** Loben Sie Ihr Kind, wenn es etwas sagt, wiederholen Sie es und zeigen Sie sich erfreut. Das Kind verbindet diese Reaktion mit der Sprache und wiederholt seine Sprachübungen, um diese Freude der Eltern wieder zu erleben. Und durch wiederholtes Üben lernt man bekanntlich!

Das Kind macht zudem Lautkombinationen und Melodien nach, die es gehört hat.

> **Tipp:** Besonders in dieser Phase empfehlen sich Reime und Lieder. Kinder nehmen daraus viel mit. Dabei liegt der Schwerpunkt nicht darauf, besonders viele Lieder mit dem Kind zu singen, sondern einzelne immer wieder geduldig zu wiederholen. Kleine Kinder lieben nicht nur diese Wiederholungen, sondern brauchen sie auch. Kinder bauen so langsam einen Wortschatz auf.

In dieser Phase verstehen Kinder nicht nur einzelne Worte, sondern auch schon sehr kurze Sätze und reagieren darauf.

Beispiel: „Guck mal, ein Hund!" – „Wo ist dein Löffel?"

Der zwölfte bis achtzehnte Monat (1 Jahr bis 1,5 Jahre)

Das Kind lernt in dieser Phase genauso wie vorher über Kommunikation und positive Reaktionen auf seine Sprachversuche bis zu 20 weitere Worte, es können aber auch nur zwei sein.

Dies sind ausschließlich solche Worte, die Dinge bezeichnen, die das Kind in seiner Umgebung sehen kann und mit denen es oft konfrontiert wird. Allerdings spricht es diese Worte oft noch in der typischen „Kindersprache", also nicht unbedingt klar verständlich. Doch diese Worte benutzt das Kind immer wieder für diese Sache (zum Beispiel „wauwau" für Hund). Dabei kann es vorkommen, dass das Kind den Begriff zu weit versteht (zum Beispiel auch die Katze „wauwau" nennt) oder auch zu eng versteht (zum Beispiel nennt es nur braune Hunde „wauwau"). Dies ist kein Grund, besorgt zu sein, sondern liegt einfach daran, dass das Kind noch einen sehr beschränkten Wortschatz von einer Handvoll Worte kennt und deren Verwendung auch erst noch lernen muss.

Für all die neuen Worte erlernt das Kind nun auch neue Laute, die vorher „versehentlich" gesprochen wurden und jetzt aber gezielt für die neuen Worte eingesetzt werden. Neben den Vokalen (a, e, i, o, u) lernt es als Nächstes meist die sogenannten Lippenlaute, also m, n, p und b.

Auch lernt das Kind in dieser Phase das gesteuerte Saugen und Pusten. Es kann zum Beispiel Pusteblumen pusten, Kerzen ausblasen oder durch einen Strohhalm trinken. Dies muss noch nicht perfekt funktionieren, es sollte aber erkennbar sein, dass das Kind bewusst und zielgerichtet saugen oder pusten kann.

Auch versteht das Kind in dieser Zeit schon überraschend viel. Das funktioniert trotz des sehr eingeschränkten Wortschatzes durch die sogenannte „Schlüsselwortstrategie" und das Deuten von Mimik und Gestik. Das Kind versteht durch die Stimmlage und Satzmelodie, welches Wort in einem Satz das Schlüsselwort ist und lernt schnell, diese zuzuordnen. Zudem beobachtet es auch Mimik und Gestik, um zu erkennen, was die Intention eines Satzes ist: Geht es um eine Aufforderung? Oder ein Verbot?

Demnach kann das Kind simple Fragen

verstehen: Wo ist der Hund?

Es versteht Verbote: Fass das Messer nicht an!

Außerdem kann es auch schon einfache Aufträge erfüllen: Bring mir den Ball!

Wenn sich das Kind selbst zu Wort meldet, spricht es meist nur einzelne Worte, um sich auszudrücken (zum Beispiel nur „Ball", statt „Ich will mit dem Ball spielen"), da es einfach noch so wenig Worte aussprechen kann und es sich bei seinem Wortschatz auch eigentlich nur um Substantive handelt. Vereinzelt treten in seinem Wortschatz auch Verben auf und meist auch „das" oder eventuell „meins", um etwas bezeichnen zu können (Zeigepronomen). Unter den ersten bis zu 20 Wörtern des Kindes kommen so gut wie nie Präpositionen (auf, unter, neben, ...), Adjektive (groß, klein, laut, leise, bunt, ...), Artikel (der, die, das, ein, eine) oder Konjunktionen (denn, weil, obwohl, ...) vor.

Tipp: Versuchen Sie zu verstehen, was Ihr Kind mit seinen Ein-Wort-Sätzen aussagen will. Gehen Sie auf Ihr Kind ein und fragen Sie nach, um es zu verstehen. „Wauwau!" – „Siehst du einen Hund? Wo ist ein Hund?"

„Teddy!" – „Du möchtest deinen Teddy haben? Hier hast du deinen Teddy, bitteschön."

So erkennt das Kind, dass ihm zugehört wird, hat Freude an der Sprache und entwickelt diese schneller weiter. Wenn Sie die von Ihrem Kind verwendeten Worte, wie in den Beispielen gezeigt, in kurze Sätze verpacken, lernt das Kind so auch schneller neue Worte dazu.

Sollte Ihr Kind bis zum achtzehnten Monat nicht mindestens zwei Begriffe beherrschen, liegt der Verdacht nahe, dass sich die Sprachentwicklung Ihres Kindes verzögert. Die geäußerten Begriffe müssen nicht aus der „Erwachsenensprache" stammen. Es genügt auch, wenn Ihr Kind einen Namen für seine Kuscheldecke hat und diese immer damit bezeichnet. Sollte Ihr Kind zudem auch nicht auf einfache Aufforderungen („Zeig mir deinen Teddy!") reagieren, sollten Sie in Erwägung ziehen, einen Kinderarzt oder Logopäden aufzusuchen.

Das Kind entwickelt in dieser Phase außerdem eine sehr stark ausgeprägte Neugier und ein unstillbares Mitteilungsbedürfnis. Es möchte Ihnen ständig Dinge zeigen und zum Beispiel mit Ihnen Verstecken spielen. Zeigen Sie Begeisterung für das, was Ihr Kind Ihnen zeigen will. Positive Rückmeldung ist ein sehr wichtiger Beitrag, den Sie zur spielerischen Sprachförderung beitragen können.

Der neunzehnte bis vierundzwanzigste Monat (1,5 bis 2 Jahre)

Der Wortschatz des Kindes erweitert sich stetig hin zu 50 Wörtern, ebenfalls eher einfache Schlüsselbegriffe. Sein Wortschatz beginnt danach förmlich zu explodieren. Etwa nachdem die 50-Worte-Marke geknackt wird, lernt das Kind viel schneller neue Worte, sodass es nach ein paar Monaten plötzlich etwa 200 Worte sprechen kann. Auch diese müssen nicht für alle klar verständlich sein, aber von dem Kind immer wieder für dieselbe Bedeutung benutzt werden.

Sobald sich der Wortschatz so erweitert, kann das Kind einzelne Worte zu etwas wie einem Satz aneinanderreihen, um sich mitzuteilen.

Das Kind hat nun zwar auch einzelne Adjektive und Verben gelernt, benutzt diese aber eigentlich nur in ihrer Grundform.

Ihr Kind kann Pluralformen mit -s bilden. Diese müssen nicht korrekt sein, das Kind beginnt gerade erst, das System zu verstehen.

Zwar kann Ihr Kind am Ende dieser Phase auch die Laute w, f, t, d, l und h sprechen, wird aber von Außenstehenden oft nur sehr schlecht verstanden, während Sie als Elternteil schon das meiste verstehen, was Ihr Kind Ihnen mitteilen möchte.

Das ist kein Grund zur Sorge und liegt meist

überwiegend daran, dass das Kind einzelne Worte noch sehr verkürzt ausspricht (zum Beispiel „Schoscho" statt Schokolade oder „Nana" für Banane). Diese Verkürzungen sind sehr individuell und lassen sich nicht mit denen von anderen Kindern vergleichen.

Zudem befindet sich das Kind jetzt im sogenannten „ersten Fragealter". Es will mit einfachen Fragen die Bezeichnungen von Dingen erfahren, auf die es zeigt. Dabei benutzt es keine grammatikalisch korrekten Fragen, sondern arbeitet mehr mit der Satzmelodie, sodass es oft nur etwas wie „Das da?" sagt und auf einen Gegenstand zeigt.

> **Tipp:** Wenn Sie jetzt darauf achten, bei Gegenständen im unmittelbaren Umfeld des Kindes einfache Adjektive hinzuzufügen, können Sie beobachten, wie das Kind diese nach kurzer Zeit in seinen Wortschatz aufnimmt.

Wenn Ihr Kind zum Ende des zweiten Lebensjahres kaum und schwer verständliche Laute benutzt, statt wenigstens 10 Worte zu sprechen, könnte eine Sprachentwicklungsstörung oder -verzögerung vorliegen. Es kann aber auch sein, dass nur der Wortschatz unterentwickelt ist (Förderungsmöglichkeiten im späteren Kapitel), während die Entwicklung im Sprachverständnis, der Artikulation und Grammatik sich normal weiterentwickelt. Bei Unsicherheiten sollten Sie individuell professionellen Rat suchen.

Der vierundzwanzigste bis dreißigste Monat (2 bis 2,5 Jahre)

Das Kind beginnt, Eigenschaften mit Adjektiven zu bezeichnen, bekannte Personen zu bezeichnen, sich selbst als „ich" zu bezeichnen und viel „nein" zu sagen. Die erste Trotzphase beginnt. Das Kind drückt mit nachdrücklichem „Nein!" aus, wenn ihm etwas nicht gefällt. Dies ist für die Eltern oft eine schwere Belastungsprobe, für das Kind aber ein wichtiger Schritt zur Persönlichkeitsentwicklung. Es beginnt herauszufinden, dass es sich abgrenzen muss, um ein „ich" zu sein. Dies tut es zunächst bei jeder Gelegenheit mit einem „Nein!". Dies ist wichtig für das Kind, um dazu überzugehen, von „ich" zu sprechen, statt sich mit dem eigenen Namen zu bezeichnen. Verschließen Sie sich nicht vor dem „Nein" Ihres Kindes, sondern beginnen auch Sie, öfter Ihre Gefühle zu zeigen, das kann Ihrem Kind helfen und die Phase für Sie vereinfachen.

Nicht alle Kinder beginnen jetzt schon, sich selbst mit „ich" statt ihrem eigenen Vornamen zu bezeichnen. Diese Entwicklung kann auch noch länger auf sich warten lassen.

Die Satzkonstruktionen des Kindes beginnen vermehrt ungeformte Mehrwortsätze zu werden. Dabei werden zwar kaum Satzbauregeln verwendet, aber das Kind benutzt zumindest mehr als zwei Worte in einem Satz. Dabei bemerkt es zwar, dass manche Worte im Satz angepasst werden müssen, verwendet hier aber noch überwiegend grammatikalisch falsche Formen. Wichtig ist nur, dass das Kind zeigt, dass es beginnt, zu erkennen, dass diesbezüglich sprachliche Regeln bestehen. Das Kind versucht zum Beispiel auch, Formen des Partizips zu verwenden, allerdings auch in falschen Formen.

> **Beispiel:** Das Kind sagt Dinge wie „kleines Hund" statt „kleiner Hund". Vor ein paar Monaten hätte es – wenn überhaupt – aber nur „klein Hund" gesagt. Außerdem sagt es „Mama vorgelest" statt „Mama hat vorgelesen".

Bei der schnellen Weiterentwicklung des Wortschatzes kommt es oft dazu, dass Kinder Worte für Gegenstände erfinden, deren Namen sie nicht kennen, dagegen aber zum Beispiel ihre Verwendung. Es ist ein gutes Zeichen, dass sich das Kind aktiv mit der Sprache auseinandersetzt. Hier entstehen meist die lustigsten Wortneuschöpfungen, die zum Teil mit einem Schmunzeln in der Familie weiter benutzt werden.

In der Entwicklung der Laute kommen bei Ihrem Kind nun als Letztes die Rachenlaute k, ch, r und g. Es spricht jetzt zwar relativ deutlich, hat aber oft noch Probleme, gerade die Rachenlaute mit anderen Konsonanten zu verbinden.

Das Kind versteht jetzt das meiste, was in etwa auf seinem Niveau gesprochen wird. Wie immer gilt: Sprechen Sie viel mit Ihrem Kind und gehen Sie auf das ein, was Ihr Kind auszudrücken versucht.

Das Alter von 2,5 Jahren bis 3 Jahre

Im Übergang zu dieser Phase erlernt das Kind weitere Fragewörter wie „was", „wo" und „warum". Damit beginnt das sogenannte zweite Fragealter. Der häufigste Satz des Kindes wird etwas wie „Warum?" sein. Bleiben Sie geduldig und versuchen Sie, immer auf Ihr Kind einzugehen, um den Spracherwerb für das Kind immer noch mit positiven Reaktionen zu verbinden. Dass Ihr Kind „Warum?" fragt, ist ein Zeichen von Intelligenz. Nur intelligente Kinder fragen ständig nach und wollen Zusammenhänge verstehen. Gehen Sie auf diesen Wissensdurst ein und beginnen Sie selbst, Ihrem Kind mehr Fragen zu stellen.

Mit diesem Nachfragen ist wieder ein großer Anstieg des Wortschatzes verbunden.

Das Sprachverständnis Ihres Kindes sollte nun sehr stark entwickelt sein. Es hat noch vereinzelte Schwierigkeiten, wenn Worte sich sehr ähneln, sie auseinanderzuhalten oder sehr lange oder komplizierte Sätze zu verstehen.

Beim Selbst-Sprechen (also der Aussprache) haben Kinder in diesem Alter dagegen noch mehr „Baustellen". Zwar werden Sie nun auch für Fremde, die die Eigenheiten der Sprachentwicklung Ihres Kindes nicht kennen, besser verständlich, allerdings gibt es besonders bei der Verbindung von drei Konsonanten noch größere Probleme bei der sauberen Aussprache. Auch ist es normal, dass Zischlaute wie s, ch und sch noch Schwierigkeiten bereiten.

Ihr Kind baut nun seine Fähigkeiten im Bereich Satzbau weiter aus: Es kann erste vollständige Sätze bilden, die nach dem Schema Subjekt, Prädikat, Objekt aufgebaut sind.

Im Bereich Grammatik kann Ihr Kind nun die meisten Verben richtig konjugieren (ich gehe → du gehst) und die meisten Adjektive richtig deklinieren (groß → der große Hund). Es ist aber ganz normal, dass Ihrem Kind dabei auch noch einige Fehler unterlaufen. Es passiert auch oft, dass Kinder eine

Form bereits einmal richtig gelernt hatten, sie jetzt aber wieder falsch bilden. Das bedeutet nicht, dass sich die sprachlichen Fähigkeiten Ihres Kindes zurückentwickeln, sondern dass Ihr Kind die Regeln, die es zu diesen bisher auswendig gelernten Formen erkannt und angewendet hat. Dass es auch Ausnahmen zu diesen Regeln gibt, muss es erst noch lernen. Es besteht also kein Grund zur Sorge, das Kind will die Worte nur nach den neu gelernten Regeln verwenden.

Außerdem beginnt das Kind im Bereich Satzbau das erste Mal, Sätze miteinander zu verbinden. Meist handelt es sich bei den ersten Konjunktionen um „und" oder „oder" vielleicht auch „aber".

Spricht Ihr Kind mit drei Jahren immer noch nicht in verständlichen Worten, sondern benutzt weiterhin unverständliche Laute, fand keine Sprachentwicklung statt. Sie sollten in diesem Fall unbedingt spätestens zu diesem Zeitpunkt Rat von einem Logopäden einholen.

Sollte Ihr Kind allerdings nur einzelne Laute nicht oder nur schwer verständlich aussprechen können, die es schon in einer vorherigen Phase hätte erlernt haben sollen (zum Beispiel p, n, m oder b), könnte es sich lediglich um eine Lautbildungsstörung handeln, jedoch wäre eine Sprachentwicklungsstörung auch denkbar. Auch hier wäre professionelle Beratung angemessen.

Völlig gewöhnlich ist es dagegen, dass das Kind einige Laute aus Verbindungen von Konsonanten nicht sauber aussprechen kann. Hierbei besteht weder Grund zur Behandlung noch zur Sorge.

Fällt Ihnen auf, dass Ihr Kind immer sehr nasal oder heiser spricht, sollten Sie einen Facharzt kontaktieren.

Sollte Ihr Kind noch nicht beginnen, Sätze zu bilden, die aus mehr als zwei Wörtern bestehen, könnte die grammatische Sprachentwicklung bei dem Kind etwas zurückgeblieben sein. Wie Sie solche Entwicklungen durch Spiele mit Ihrem Kind gezielt unterstützen können, wird in einem späteren Kapitel behandelt.

Das Alter von 3 Jahren bis 3,5 Jahren

Auch in dieser Zeitspanne wächst der Wortschatz Ihres Kindes wieder um ein Vielfaches. Weiterhin ist das Kind sehr wissbegierig und fragt viel nach.

Oftmals kommt es dazu, dass Kinder in dieser Phase beginnen, zu stottern. Dies ist keine Fehlentwicklung, sondern liegt einfach nur daran, dass das Kind quasi schneller denkt, als es sprechen kann. Ihr Kind beginnt, sich noch vielfältiger und komplexer ausdrücken zu wollen. Dabei braucht es im Kopf länger, um einen Satz in einen sinnvollen Satzbau zu bringen, als es sprechen kann. Das so entstehende Stottern wird „Entwicklungsstottern" genannt.

Beispiel: Kinder in diesem Alter reihen oft mehrere Sätze verbunden durch „und" aneinander. Häufig kommt es dann dazu, dass sie zwischen den Sätzen ins Stocken kommen und beginnen zu stottern („und – und – und – und"), bis sie gedanklich so weit sind, den nächsten Satz aussprechen zu können.

Solange dieses Stottern nur etwa ein Jahr andauert und nicht zu starken Unverständlichkeiten führt, besteht kein Grund zur Sorge.

Tipp: Nehmen Sie sich Zeit für Ihr Kind und geben Sie ihm das Gefühl, dass ihm zugehört wird. Lassen Sie so keinen Frust bei Ihrem Kind über die Verlangsamung seines Sprachflusses entstehen. Damit kann sich Ihr Kind weiterentwickeln und kommt bald über das alterstypische Stottern hinweg.

Das Kind sollte nun alle Laute der Muttersprache sprechen können. Vereinzelt können noch Probleme bei der Aussprache einzelner Zischlaute oder Konsonantenverbindungen zu Beginn eines Wortes bestehen, das sollte aber kein Grund zur Sorge sein.

Auch entwickelt sich der Satzbau Ihres Kindes

stetig weiter. Es kann nun auch einige Nebensätze korrekt bilden. Zudem beginnt das Kind, eine Vorstellung von Zeit zu bekommen und kann diese sprachlich zum Ausdruck bringen. Es kann verschiedene Zeitformen verwenden und diese korrekt mit Worten wie „gestern", „heute" oder „morgen" einleiten.

Das Alter von etwa 4 bis 6 Jahren
Spätestens mit Ende des sechsten Lebensjahres sollte die Sprachentwicklung Ihres Kindes abgeschlossen sein.

Das Kind bildet dann alle Laute richtig, verwendet den Plural und die Artikel korrekt und kennt die meisten sprachlichen Konstruktionen, mit denen es im Alltag in Berührung kommt. Dabei gehen Wissenschaftler davon aus, dass ein Kind im Alter von sechs Jahren etwa 23.000 Worte versteht und etwa 5.000 selbst benutzen kann.

Weiterhin hat Ihr Kind einen sehr großen Wissensdurst. Es begeistert sich für viele Themen und entwickelt oft auch schon sehr spezielle Interessen.

Tipp: Dieser kindliche Wissensdurst ist der Schlüssel zu allem neuen Wissen. Statt dem Kind bereits in der Vorschulzeit Wissen aus der Schule wie lesen und schreiben beizubringen, sollten Sie diesen Wissensdurst stärken.

Beschäftigen Sie sich mit Ihrem Kind mit den Dingen, die es interessiert. Verschaffen Sie ihm Zugang zu dem Wissen, nach dem es fragt. Schauen Sie gemeinsam kindgerechte Dokumentationen oder gehen in Museen oder Ausstellungen oder besuchen Sie Sehenswürdigkeiten, die das Kind interessieren. Begeistern Sie Ihr Kind für alles, was neu ist. Neugierige Kinder lernen besser, schneller und effizienter.

Ihr Kind sollte nun recht flüssig erzählen können. Es kann beispielsweise ohne größere Schwierigkeiten telefonieren, gern und viel von seinen Erlebnissen erzählen oder Geschichten nacherzählen. Auch benutzt das Kind dabei komplexere Sätze und sollte mit sechs Jahren nahezu grammatikalisch fehlerfrei sprechen können.

Kompliziertere grammatische Konstruktionen wie zum Beispiel das Passiv entwickeln sich erst später.

Wenn Ihr Kind eingeschult wird, sollte es alle Laute richtig aussprechen können. Sollte dies nicht der Fall sein oder sollte Ihr Kind weiterhin regelmäßig stottern, sollten Sie einen Logopäden aufsuchen.

Bis zum sechsten Lebensjahr kann auch vereinzelt noch ein Lispeln auftreten. Sollten aber andere Störungen in der Lautbildung, der Grammatik, dem Sprachverständnis oder ein sehr geringer Wortschatz vorliegen, sollten Sie ebenfalls bald einen Logopäden befragen.

EINFLUSS VON MEDIEN

Dem Einfluss von Medien kann man in der heutigen Gesellschaft kaum noch entgehen. Deshalb liegt die Frage für viele Eltern nahe, ob der Medienkonsum dem Spracherwerb ihres Kindes schaden kann.

Eine im Mai 2017 vorgestellte kanadische Studie deutet zumindest darauf hin, dass der frühe Medienkonsum von Säuglingen und Kleinkindern ein Risiko für deren Sprachentwicklung darstellt. Demnach wiesen die Kleinkinder im Alter von sechs Monaten bis zwei Jahren der Studie, die viel das Tablet oder Smartphone benutzten, einen weniger weit entwickelten Wortschatz und eine höhere Wahrscheinlichkeit zur Entwicklung von Sprachdefiziten auf als gleichaltrige Kinder mit geringerem Konsum. Mit der Dauer des Medienkonsums würde dieses

Risiko steigern.

Grund für diese Feststellungen sei wohl, dass die Kinder mit erhöhtem Medienkonsum weniger mit ihren Eltern oder anderen Bezugspersonen in ihrem Umfeld reden würden, was dazu führe, dass die Kinder weniger sprachlichen und vor allem sozialen Input bekämen.

Wissenschaftler raten dazu, bei Kindern bis achtzehn Monaten den Medienkonsum in Form von Bildschirmen möglichst bei null zu halten.

Eine aktuellere Studie im Auftrag der Bundesregierung Deutschland sieht einen Zusammenhang zwischen erhöhtem Medienkonsum und Entwicklungsstörungen bei Kindern. Die tägliche Nutzung führe zu Sprach- und Konzentrationsproblemen, sozialen Störungen, Hyperaktivität und Fettleibigkeit.

Selbst Säuglinge, deren Eltern unter einer Smartphone-Sucht leiden, zeigen häufiger Ess- und Schlafstörungen.

Auch wenn es also so schön einfach ist, Kinder durch Bildschirme ruhig zu stellen, haben Eltern eine hohe Verantwortung, den Medienkonsum ihrer Kinder zu regulieren. Ein radikales Verbot sei laut Wissenschaftlern auch keine tragbare Lösung. Schließlich sei (im fortgeschrittenen Alter) auch der Erwerb medialer Kompetenzen wichtig, aber Eltern müssen den Medienkonsum nicht nur in einem zunächst möglich geringen Rahmen halten, sondern den Kindern auch vorleben, wie man verantwortungsvoll mit Medien umgeht.

Spiele zur Sprach-förderung

Wie schon im Kapitel über die Sprachent-wicklung deutlich geworden ist, lernen Kinder viel scheinbar „nebenbei". Das Gehirn eines Kindes ist wie ein Schwamm und nimmt alle Informationen in seinem Umfeld auf. Die Aufmerksamkeit des Kindes bekommt man dabei am besten durch kleine Spiele und Ähnliches. Haben Sie erst einmal diese Aufmerksamkeit des Kindes, geht der Rest quasi von ganz allein.

Tipp: Versuchen Sie nicht, einen sprachlichen Fehler Ihres Kindes durch stumpfes Wiederholen auszubessern. „Sag mal zehnmal dieses Wort!", bringt dem Kind nur Frust und es beginnt, sich vor der Sprachentwicklung zu verschließen, was einen großen Rückschritt bedeuten würde.

Gespräche

So simpel es auch klingen mag, aber: Reden Sie mit Ihrem Kind.

Führen Sie in jedem Alter Gespräche mit Ihrem Kind. Sprechen Sie über Alltägliches, über Geschehnisse des Tages, über Pläne für den nächsten Tag und auch über Ihre Gefühle und die des Kindes und erklären Sie Dinge, die Ihr Kind noch nicht kennt.

Damit wird nicht nur der Wortschatz des Kindes weiterentwickelt, weil es viele neue Worte lernt, sondern das Kind entwickelt auch seine Kenntnisse über Grammatik und Sprachmelodie weiter. Zudem erlernt es soziale und emotionale Fähigkeiten in Verbindung mit Sprache.

Tipp: Gelegenheiten zum Führen von Gesprächen gibt es immer: Ist Ihr Kind noch sehr klein, sprechen Sie beim Wickeln mit ihm: Bringen Sie es zum Lachen, machen Sie seine Laute nach oder erzählen Sie ihm, was Sie heute noch gemeinsam machen wollen. Geht Ihr Kind schon in den Kindergarten, sprechen Sie morgens auf dem Weg zum Kindergarten darüber, worauf sich Ihr Kind freut oder was es heute Nacht geträumt hat. Auf dem Weg nach Hause können Sie nachfragen, was im Kindergarten passiert ist oder mit dem Kind darüber sprechen, was es zum Mittagessen geben soll. Sprechen Sie beim Anziehen darüber, was das Kind tragen möchte oder aufgrund des Wetters tragen sollte und so weiter.

Das Führen von Gesprächen ist in allen Altersgruppen und bei allen sprachlichen Problemen sinnvoll.

Stille Post

Das Spiel „Stille Post" kennen Sie sicherlich noch aus Ihrer Kindheit: Die Mitspieler sitzen nebeneinander im Kreis. Ein Mitspieler denkt sich ein Wort oder auch einen Satz aus und flüstert dies dem neben ihm sitzenden Mitspieler ins Ohr (möglichst so leise, dass die anderen es nicht verstehen können). Dies geht reihum so weiter, bis es beim letzten Mitspieler angekommen ist, der das Gehörte dann laut aussprechen muss. Ist es das ursprünglich gewählte Wort oder der ursprünglich gewählte Satz, ist das Spiel gewonnen.

Dieses Spiel fördert in erster Linie das Gehör

und die Fähigkeit zu flüstern. Zudem wird aber auch eine saubere Aussprache trainiert, damit der Nächste es auch verstehen kann.

> **Tipp:** Dieses Spiel können Sie schon mit Ihrem Kind und einer weiteren Person spielen. Im Kindergartenalter werden die meisten Kinder schon mit dieser geringen Personenanzahl sehr viel Spaß haben können. Binden Sie wahlweise weitere Erwachsene oder auch Geschwisterkinder oder Gleichaltrige ein. Achten Sie aber darauf, das Niveau an das Alter Ihres Kindes anzupassen. Während Sie bei kleineren Kindern eher einzelne Worte benutzen sollten, können Sie ältere ruhig mit sehr langen Sätzen überfordern. Meist haben alle Spieler am Ende einen großen Spaß daran, was dann am Ende dabei herauskommt.

Reime und Fingerspiele

Schon wenn Ihr Kind noch ein Baby ist, können Sie es mit Reimen und Fingerspielen zum Lachen bringen. Dabei lernt das Kind viel über Satzmelodien und kann sich im fortgeschrittenen Alter eventuell auch schon Reimworte merken.

Im jüngeren Alter haben die Verbindung von Berührung und Sprache einen sehr positiven Einfluss auf die Entwicklung des Kindes. Ist Ihr Kind schon älter, können Sie die Reime im Wechsel aufsagen oder auch interaktive Varianten wählen.

Tipp: Spielen Sie mit Ihrem Kind „Hoppe, hoppe Reiter", „Backe, Backe Kuchen", „Das ist der Daumen, der pflückt die Pflaumen..." oder andere Reime und Spiele, die Sie aus Ihrer Kindheit kennen. Solche werden nicht alt! Nehmen Sie bei Kindergartenkindern auch gern Reime und Spiele auf, von denen Ihr Kind Ihnen aus dem Kindergarten erzählt. Dies schult die Erklär- und Ausdrucksfähigkeiten Ihres Kindes enorm und es kann mit Ihnen das spielen, was ihm besonders Spaß macht. Zudem fühlt es sich beachtet und verstanden, wenn Sie so auf Ihr Kind eingehen.

Solche Spiele sind vor allem für Kleinkinder und Kindergartenkinder bis etwa fünf Jahren angemessen (je nach Spiel und Ausgestaltung). Oft haben aber auch ältere Kinder noch eine große Freude daran. Lassen Sie auch ruhig ältere Geschwister diese Spiele mit ihren jüngeren Geschwistern diese Spiele spielen. Neben den erwähnten positiven Effekten auf die Entwicklung des jüngeren Kindes, fördert dies auch die sozialen und sprachlichen Fähigkeiten des älteren Kindes.

Gerade für jüngere Kinder legen Sie mit Reimen

und Fingerspielen eine solide Grundlage für die Fähigkeiten, später Geschichten zu erzählen, wenn sie älter sind.

Bücher vorlesen

Kinder lieben Geschichten. Besonders Kindern, die selber noch nicht gelernt haben, zu lesen, bereitet es große Freude, Bücher vorgelesen zu bekommen. Aber auch für Kinder, die selbst schon lesen können, ist dies sehr geeignet. Sie können Ihrem Kind selbst etwas (altersgerechtes) vorlesen oder sich aber auch auf die Suche nach entsprechenden Hörbüchern oder Hörspielen machen.

So erweitert Ihr Kind seinen Wortschatz und zusätzlich bekommt es ein besseres Gefühl für die Sprache und besonders Satzbau und -melodie.

> **Tipp:** Den meisten Kindern gefällt es sehr, wenn das Vorlesen oder Hörbuch- beziehungsweise Hörspiel-Hören zu einem Ritual beim Einschlafen gemacht wird. Das Vorlesen hat eine sehr entspannende Wirkung und die meisten Kinder können besser einschlafen, wenn der aufregende Tag so gemütlich und ruhig ausklingt.

Ich packe meinen Koffer

Auch dieses Spiel werden Sie sicherlich aus Ihrer

Kindheit kennen: Jeder Spieler denkt sich eine Sache aus, die er in den imaginären Koffer packen möchte und muss aber alle Gegenstände in der richtigen Reihenfolge aufzählen, die vorher schon in den Koffer gelegt wurden.

Beispiel:

Kind: „Ich packe meinen Koffer und nehme einen Teddy mit."

Sie: „Ich packe meinen Koffer und nehme einen Teddy und ein Buch mit."

Kind: „Ich packe meinen Koffer und nehme einen Teddy, ein Buch und eine Taschenlampe mit."

Sie können dieses Spiel mit beliebig vielen Mitspielern spielen. Es eignet sich auch gut als Beschäftigung für längere Autofahrten oder andere Situationen, in denen Ihrem Kind typischerweise langweilig wird.

Sie können dieses Spiel mit jedem Kind spielen, das Freude daran zeigt. Es stärkt den Wortschatz, die Aussprache und nebenbei noch die Merkfähigkeiten Ihres Kindes.

Tipp: Sie können das Spiel individuell an das Alter Ihres Kindes anpassen, indem Sie die Schwierigkeit der gewählten Gegenstände im Koffer anpassen. Ist

Ihr Kind noch jünger und kann sich nicht so viele Dinge merken, seien Sie nicht so streng, wenn es einen Gegenstand aufzuzählen vergisst oder es in der falschen Reihenfolge aufsagt. Vielleicht spielen Sie das Spiel auch zunächst im Kinderzimmer und legen die Dinge, die in den Koffer kommen sollen, vor sich hin oder zeigen darauf. So kann sich das Kind die Sachen besser merken.

Ist Ihnen aufgefallen, dass Ihr Kind mit bestimmten Lauten oder Worten besonders ungewöhnliche Schwierigkeiten hat, wählen Sie diese Worte oder Laute mit diesen Worten in diesem Spiel. So hört Ihr Kind das Wort vermehrt von Ihnen in der richtigen Aussprache und muss es selbst ständig wiederholen, sodass es seine Schwächen spielerisch trainieren kann.

Bliblablubb
Dieses Spiel ist im Grunde genommen eine Version vom bekannten Gesellschaftsspiel „Tabu" nur für kleinere Kinder. „Bliblablubb" ist dabei ein Platzhalter und kann durch jedes andere, möglichst lustig klingende „Quatschwort" ersetzt werden.

Das Spiel läuft wie folgt ab: Es werden mindestens drei Mitspieler benötigt. Der erste flüstert dem zweiten ein Wort ins Ohr. Dieses muss der zweite

Mitspieler nun dem dritten (oder den beliebig vielen weiteren Mitspielern) erklären, ohne das zu erklärende Wort zu benutzen. Jedes Mal, wenn der Erklärende das zu erklärende Wort benutzen würde, sagt er stattdessen „Bliblablubb".

Beispiel: Das Wort „Auto" soll erklärt werden.

Das Kind kann sagen: „Im Bliblablubb fährt Mama mich morgens zum Kindergarten. Das Bliblablubb macht bruuumm-bruuumm." Und so weiter.

In diesem Spiel werden wieder viele lustige Situationen für Kinder entstehen. Es spielt sich also am besten mit mehreren Kindern. Es ist etwa ab vier Jahren zu empfehlen, dies ist aber sehr abhängig von der individuellen Entwicklung und den zu erklärenden Worten.

Wie bei „stille Post" lernen Kinder hier, sich auch im Flüsterton deutlich zu artikulieren. Zudem fördert das Erklären den Wortschatz und die Fähigkeiten für den Satzbau. Die ratenden Kinder trainieren, Fantasie und Logik und Worte miteinander in Verbindung zu setzen.

Bildergeschichten

Vor allem für Kinder bis drei Jahre sind Bildergeschichten und Bilderbücher sehr spannend. Sehen Sie sich die Bilder mit Ihrem Kind genau an und erzählen Sie alles, was Ihnen zu den Bildern einfällt.

Stellen Sie Ihrem Kind einfache Fragen zu den Bildern. Selbst, wenn es sich noch nicht klar artikulieren kann, geben Sie ihm die Gelegenheit, mit Ihnen zu kommunizieren und beantworten Sie die Frage im Anschluss noch einmal selbst. Achten Sie dabei auf Zuspruch und positive Rückmeldung. Leiten Sie Ihre Antwort zum Beispiel mit „Genau, das ist..." ein.

Ihr Kind lernt dadurch, dass Sprache zur Kommunikation dient. Zudem lernt es viel über Satzbau und Sprachmelodie. Auch lernt es schon, vereinzelte Schlüsselwörter zu verstehen.

Tipp: Für diesen Effekt eignen sich auch sehr gut Wimmelbilder. Da diese sehr viele kleine Details enthalten, sind Sie für Babys aber meist noch zu überfordernd.

Rollenspiele

Gerade Kindergartenkinder lieben Rollenspiele. Sie haben schon ein Vokabular, das ausreicht, um sich in Rollenspielen zu verständigen.

Die Kinder haben großen Spaß daran, in andere Rollen zu schlüpfen. Sie zeigen dabei auch, dass sie ihren Sprachgebrauch an die entsprechende Rolle anpassen können.

Nicht nur Sie können Rollenspiele mit Ihrem Kind spielen. Kinder spielen auch sehr gern untereinander Rollenspiele. Es besteht keine Notwendigkeit für Erwachsene, in diese korrigierend einzugreifen. Lassen Sie Ihr Kind in seiner eigenen Welt spielen. Kinder können auch im sehr jungen Alter viel voneinander lernen.

Wichtig: Verbessern Sie die Kinder beim Spielen nicht!

Tipp: Lassen Sie Ihr Kind auch Alltägliches nachspielen. Geben Sie ihm Alltagsgegenstände als Requisiten, sodass Ihr Kind einen Kaufmannsladen eröffnen, etwas kochen oder eine Puppenmutter sein kann. Der Fantasie sind dabei keine Grenzen gesetzt.

Diese Rollenspiele fördern nicht nur den Wortschatz des Kindes, sondern auch die Fähigkeit, über Sprache zu kommunizieren und einen der Situation angepassten Gebrauch von Sprache zu erlernen.

Wörter aus dem Baukasten
Dies ist ein einfaches Spiel, dass an jedem Ort und schon mit zwei Personen gespielt werden kann. Das Spiel ist zu empfehlen, wenn Ihr Kind schon älter ist und sehr viele Gegenstände benennen kann und auch schon zusammengesetzte Nomen kennt.

Der erste Mitspieler beginnt und nennt ein zusammengesetztes Nomen. Der zweite Mitspieler fährt fort und nennt ein zusammengesetztes Nomen, das mit dem Nomen beginnt, mit dem das vorherige geendet hat. Das Spiel geht so lange weiter, bis einem kein weiteres Wort mehr einfällt.

Beispiel:

Kind: „Bettdecke"

Sie: „Deckenlampe"

Kind: „Lampenschirm"

Sie: „Schirmmütze"

Die Schwierigkeit des Spiels kann durch die gewählten Worte reguliert werden.

Sie können das Spiel auch variieren, indem Sie nur einzelne Nomen zum Spiel zulassen und das nächste Nomen dann mit dem Endbuchstaben des vorangegangenen Wortes anfangen muss.

Wollen Sie eine einfachere Variante spielen, können Sie Ihr Kind auch einen Buchstaben festlegen lassen, zu dem jeder Mitspieler der Reihe nach ein Nomen nennen muss, das mit dem vorgegebenen Buchstaben beginnt.

Dieses schult in allen seinen Variationen den Wortschatz und das genaue Hinhören. Besonders bei der ersten Variante lernt Ihr Kind die Struktur von zusammengesetzten Nomen.

Auch wird die Fantasie Ihres Kindes angeregt

und es ist neugierig darauf, neue Worte zu lernen, die es in diesem Spiel verwenden kann.

Hat Ihr Kind Probleme mit einzelnen Worten oder Lauten, können Sie diese gezielt in das Spiel einbringen.

Das Weintraubenspiel

Sollten Sie das Gefühl haben, dass Ihr Kind Probleme hat, bestimmte Laute oder Worte zu sprechen, weil es seinen Mund und seine Zunge noch nicht richtig steuern kann und dies seinem Alter entsprechend eigentlich schon können sollte, ist dieses Spiel vielleicht etwas für Sie: Nehmen Sie eine Weintraube oder etwas ähnlich Rundes, das Ihr Kind gern isst, und geben Sie Ihrem Kind verschiedene Aufträge:

Kannst du die Weintraube von deiner Hand aus nur mit deinen Lippen in den Mund nehmen und essen? Kannst du die Weintraube in den Mund nehmen und nur mit deiner Zunge am Gaumen zerdrücken? Kannst du die Weintraube nur mit deinen Lippen festhalten und durch Saugen in den Mund „ploppen" lassen?

Tipp: Denken Sie daran, dass der Spaß im Vordergrund stehen soll! Fangen Sie mit einfachen Aufgaben an und steigern Sie sich langsam. Loben Sie Ihr Kind. Machen Sie den Auftrag selbst vor (und scheitern vielleicht auch einmal absichtlich, um einen Ansporn zu geben) und lassen Sie auch einmal Ihr Kind Aufgaben stellen.

Mehrsprachige Erziehung

Viele Kinder wachsen heutzutage in Deutschland mehrsprachig auf. Dies birgt im Grundsatz kein erhöhtes Risiko für Störungen in der Sprachentwicklung.

Auch wenn das Bildungssystem kaum auf Mehrsprachigkeit eingerichtet ist, ist es später im Leben doch sehr vorteilhaft für mehrsprachig erzogene Kinder, dass sie bereits zwei Sprachen sprechen können. Der Spracherwerb ist im Kindesalter wesentlich leichter und das Ergebnis auch wesentlich natürlicher. Doch was ist bei mehrsprachiger

Erziehung hinsichtlich des Spracherwerbs und der Sprachentwicklung zu beachten? Was läuft anders ab als bei einsprachiger Erziehung?

Mehrsprachig erzogenen Kinder vermischen oft versehentlich die zu erlernenden Sprachen innerhalb eines Satzes. Das mag gerade für außenstehende Erwachsene sehr verwirrend sein, weil sie das Kind schlechter verstehen als einsprachig erzogenen, gleichaltrige Kinder. Jedoch ist dies völlig normal und kein Grund zur Sorge. Die Vermischung der Sprachen verschwindet mit zunehmendem Spracherwerb.

Gerade bei strukturell sehr ähnlichen Sprachen tritt dies sehr häufig auf. Das Kind muss den Unterschied zwischen den Sprachen erst lernen, da es (wie vorangegangen schon erklärt) zunächst lediglich alles an Sprache in seinem Umfeld aufnimmt und anzuwenden versucht. Dass es überhaupt mehrere Sprachen auf der Welt gibt, die nicht unbedingt miteinander kompatibel sind, weiß das Kind als Baby einfach noch nicht.

Wenn der Erwerb der zweiten Sprache vor dem dritten Lebensjahr stattfindet, verläuft er genauso wie der Ersterwerb, der vorangegangen schon erklärt wurde. Das Kind wird die Zweitsprache dann später als zweite Muttersprache statt als

Fremdsprache beherrschen.

Deshalb ist es für Kinder von Eltern, die beide eine Fremdsprache sprechen, sehr wichtig, bereits vor dem dritten Lebensjahr sehr regelmäßig und stark mit der deutschen Sprache konfrontiert zu sein, damit es auch Deutsch als Muttersprache erlernen kann. Empfehlenswert ist zum Beispiel der Besuch einer deutschen Kita. Hier kann das Kind den deutschen Wortschatz und die deutsche Grammatik parallel zur Muttersprache der Eltern weiterentwickeln. Auch ist es empfehlenswert, darauf zu achten, ob es in der Nähe eine Kita gibt, die besondere sprachliche Angebote für Kinder bereithält. Denn manche Kinder brauchen besonders viel Aufmerksamkeit für den Spracherwerb, die ihnen nur durch spezielle Förderung gegeben werden kann.

Wird mehrsprachig erzogenen Kindern nicht in dieser frühen Zeit angemessener Input in der einen Sprache (hier im Beispiel Deutsch) gegeben, werden sie unter Umständen mit unzureichenden Sprachkenntnissen in eine deutsche Schule eingeschult, wo sie plötzlich auf große Schwierigkeiten stoßen.

Inzwischen gibt es in Deutschland viele Förderungsprogramme für nicht-deutschsprachige Eltern, die ihnen auch in ihrer Muttersprache Optionen für den Deutscherwerb ihrer Kinder darlegen.

Im passenden Umfeld sollte Mehrsprachigkeit aber nie zum Problem für Kinder werden. Vielmehr zeigen wissenschaftliche Erkenntnisse, dass der menschliche Spracherwerb sogar darauf ausgelegt ist, mehrere Muttersprachen zu erlernen.

Mehrsprachig erzogene Kinder hätten außerdem ausgeprägtere kommunikative Kompetenzen und seien kreativer in ihren Reaktionen auf ihre Umgebung. Sie sollen sich auch besser in andere hineinversetzen können als einsprachig erzogene Kinder im gleichen Alter.

Zudem erlernen mehrsprachig erzogene Kinder mehr interkulturelle Kompetenzen durch die Berührung mit mehreren Kulturen.

Wichtig ist dabei aber immer noch, dass das Kind die zweite Sprache auf einer freiwilligen Basis erlernen muss. Findet der Spracherwerb aufgrund von Druck statt und ist von negativen Gefühlen geprägt, gilt beim mehrsprachigen Spracherwerb genauso wie beim einsprachigen, dass keiner der positiven Effekte eintreten wird und das Kind sich (sprachlich) nicht weiterentwickeln kann.

Um eine Sprache oder zweite Sprache als Muttersprache zu erlernen, müssen Kinder damit nicht nur vor dem dritten Lebensjahr beginnen, sondern auch eine natürliche und enge Verbindung zu der

Person aufgebaut haben, von der sie die Sprache erlernen sollen. Am besten eignen sich hierfür natürlich die Eltern. Emotionale Bindungen erleichtern dem Kind den Sprachgebrauch sehr, weil es natürlicher abläuft.

Auch ist es wichtig, dass es in irgendeiner Weise eine feste Trennung zwischen den Sprachen gibt, solange das Kind noch jünger als fünf Jahre alt ist. Hier bietet sich natürlich an, dass jeder Elternteil eine andere Sprache gegenüber dem Kind verwendet.

Auch kann es hilfreich sein, eine Sprachgrenze nach Umgebungen festzulegen: Zum Beispiel wird zu Hause die Muttersprache der Eltern gesprochen und in der Kita deutsch. Dabei ist wichtig, dass das Kind in dem für eine Sprache festgelegten Rahmen diese Sprache auch korrekt erlernen kann. Wenn die Eltern nur schlecht Deutsch sprechen, sollte zumindest für die ersten Lebensjahre die Lernumgebung für die deutsche Sprache nicht zu Hause sein.

Wie auch beim einsprachigen Spracherwerb ist es wichtig, sich Zeit für das Kind zu nehmen und viel mit ihm zu sprechen. Das Kind braucht nicht mehr sprachliche Aufmerksamkeit als ein einsprachig erzogenes Kind, es sollte nur darauf geachtet werden, dass es etwa gleich viel Kontakt mit der einen wie mit der anderen Sprache hat, damit es die Chance bekommt, beide entsprechend seinem Entwicklungsstand zu erlernen. Auch sollte dem Kind dabei vermittelt werden, dass beide Sprachen und die damit verbundenen Kulturen den gleichen Stellenwert haben.

Und das Wichtigste zum Schluss: Bleiben Sie dran! Eine zweisprachige Erziehung bietet Ihrem Kind viele Möglichkeiten, die eine einsprachige Erziehung nicht bieten kann. Ihr Kind kann eine der beiden Sprachen aber auch wieder verlernen, wenn Sie ihm nicht mehr die Chance geben, diese weiter zu erlernen, weil Sie zu frustriert von den gewöhnlichen Schwierigkeiten eines Spracherwerbs sind.

Was Sie mitnehmen sollten

In diesem Ratgeber haben Sie viel über den Spracherwerb und die Möglichkeiten, ihn gezielt, aber spielerisch zu fördern, gelernt. Wahrscheinlich haben Sie dadurch auch Ihr Kind besser kennengelernt und mehr darüber gelernt, wo es auf seiner Sprachreise steht.

Sie sollten sich bei all dem aber immer daran erinnern, dass Ihr Kind auch nur ein Mensch ist und nicht wie eine Maschine funktionieren kann. Denken Sie daran, dass Ihr Kind ein Individuum mit Ecken und Kanten ist und das auch gut so ist.

Behalten Sie bei allen Übungen immer den Spaß für Ihr Kind im Blick, denn am Ende des Tages sollte das das Wichtigste sein: Dass Ihr Kind glücklich ist!

Herstellung und Verlag:

BoD – Books on Demand, Norderstedt

ISBN: 9783752611304

1. Auflage

Kontakt: Psiana eCom UG/ Berumer Str. 44/ 26844 Jemgum

Covergestaltung: Fenna Larsson

Coverfoto: depositphotos.com